CATALOGUE
DES LIVRES

DE BEAUX-ARTS

DE LITTÉRATURE ET DES MANUSCRITS

COMPOSANT LA BIBLIOTHÈQUE

DE FEU

M. A. COLIN

Artiste peintre, professeur de Dessin à l'École Polytechnique

DONT LA VENTE AURA LIEU

Le Jeudi 10 Février 1876

A DEUX HEURES PRÉCISES

HOTEL DES COMMISSAIRES-PRISEURS

RUE DROUOT, SALLE N° 4

PAR LE MINISTÈRE DE **M° BOUSSATON**, COMMISSAIRE-PRISEUR

39, rue de la Victoire

PARIS

ADOLPHE LABITTE

LIBRAIRE DE LA BIBLIOTHÈQUE NATIONALE

4, RUE DE LILLE

1876

ORDRE DE LA VACATION

64 à 120

1 à 63

A LA FIN DE LA VACATION : LIVRES EN LOTS

CONDITIONS DE LA VENTE

La vente se fait au comptant.

Il y aura Exposition des Livres une heure avant la vacation.

Les acquéreurs payeront 5 pour 100 en sus des enchères, applicables aux frais.

PARIS. — J. CLAYE, IMPRIMEUR, 7, RUE SAINT-BENOIT. — [19]

CATALOGUE

DES

LIVRES DE BEAUX-ARTS

DE LITTÉRATURE ET DES MANUSCRITS

COMPOSANT LA BIBLIOTHÈQUE

DE FEU

M. A. COLIN

ARTISTE PEINTRE

PROFESSEUR DE DESSIN A L'ÉCOLE POLYTECHNIQUE

BEAUX-ARTS, LIVRES A FIGURES

1. A. Dürer. — La Passion, 65 planches remontées, in-4, dem.-rel. mar. rouge.

   Ce recueil contient quelques épreuves anciennes.

2. Sacræ historiæ acta a Raphaelio Urbino in vaticanis xystis ad picturæ miraculum expressa, Nicolaus Chapron Gallus a se delineata et incisa. *Romæ,* 1649, in-4 obl., cart., (52 pl.).

3. Les Sept Sacrements, d'après Nicolas Poussin, accompagnés d'une notice historique sur la vie et les œuvres de Poussin et de l'explication des sept tableaux de ce grand maître, par A. Jacquemart. *Paris, V. Texier,* 1843, in-4, cart.

4. Vitæ D. Thomæ Aquinatis, Othonis Væni ingenio et manu delineata. *Antverpiæ, sumptibus Othonis Væni,* 1610, 30 pl. gravées, in-fol. v. br.

   Traduction manuscrite en regard.

5. Leloir. — Vie des Saints, in-fol. dem.-rel. (30 pl. grav.).

6. Illustrium anachoretarum elogia sive religiosi viri musæum auctore D. Jacobo Cavacio patavino monaco benedictino congreg. Casinen., in-4, bas., planches.

7. Effigies nomina et cognomina S. O. N. Innocentii P. XI et RR. DD. S. R. E. Cardo. Editæ a Jo Jacobo de Rubeis, *Romæ*, front. et 45 portraits gravés par G. Audran, in-fol. v. br.

8. Bavariæ sanctæ volumen alterum. 1624, in-fol. front. et 90 planches remontées, v. antiq.

9. Académie de l'espée, de Girard Thibault d'Anvers ou se demonstrent par reigles mathématiques sur le fondement d'un cercle mystérieux, la théorie et pratique des vrais et iusqu'a present incognus secrets du maniement des armes a pied et a cheval. S. L. 1628, gr. in-fol. vel. à comp. dor. (*grandes planches gravées, bonnes épreuves*).

10. Modèles d'écriture, 25 feuilles in-fol. obl. ord.
Très-jolis modèles du xviie siècle. Devises allemandes et françaises. Personnages et animaux dessinés d'un seul trait de plume.

11. Alphabet orné par A. Deveria, lithogr. par A. Collette. imprimé par Lemercier, publié par F. Delarue, in-4, cart.

12. Histoire de l'ornementation des manuscrits, par M. Ferd. Denis. *Paris, L. Curmer*, 1858, gr. in-8, br.
Envoi autographique, signé de l'auteur à M. A. Colin.

13. Raccolta di cinquantanove stampe pre se da egregi dipinti d'autori diverse (réunies avec texte en 1 cart. in-4.)

14. Francesco Goya y Lucientes Pintor. Album pet. in-fol. cart. de 80 planches.

15. Recueil de 103 planches contenant 150 sujets, gravées par Swebach Desfontaines, 1806, in-4, dem.-bas.

16. Scènes de la vie privée et publique des animaux, vignettes par Grandville. *Paris, J. Hetzel et Paulin,* 1842, 2 vol. gr. in-8, dem. rel. v. vert.

17. Pauli Jovii elogia virorum bellica virtute illustrium septem libris iam olim ab authore comprehensa et nunc ex eiusdem musæo ad vivum expressis, imaginibus exornata. *Petri Pernæ, Typographi Basil,* 1596, in-fol. bas.

18. Les Illustres français, 40 planches de Marillier, gravées par M. Ponce, in-fol. cart. n. rog.

19. 128 portraits de personnages français du XVIe siècle, dessinés et gravés par B. Moncornet, in-4, bas.

20. Colleccion de las differentes suertes y actitudes del arte de Lidiar los toros inventadas y graba das al aqua fuerte por Goya. *Madrid,* 1855, in-4 obl. br. (33 planches).

21. The Art Union Gallery of engravings from the finest works of modern artists. *London,* 1850, in-4, cart. est.

22. École anglaise, recueil de tableaux, statues et bas-reliefs des plus célèbres artistes anglais, depuis le temps d'Hogarth jusqu'à nos jours; gravé à l'eau-forte sur acier, accompagné de notices descriptives et historiques en français et en anglais par M. G. Hamilton et publié sous sa direction. *Londres et Paris,* 1830-1832, 48 livraisons formant 4 vol. in-12, br.
Manque la 36e livraison.

23. Richter-Album. Eine Unswahl von Holzfchnitten nach Zeichnungen von Ludwig Richter in Dresden. *Leipzig,* 1851, in-4, fig., cart. est.

24. Victor Orsel. — Œuvres diverses. *Paris, imprim. de Lemercier,* 9 livraisons in-4.

25. Histoire de l'Art monumental dans l'antiquité et au moyen âge, suivie d'un Traité de la Peinture sur verre par L. Batissier. *Paris, Furne,* 1845, in-4, fig. int. dans le texte, dem.-rel. v. ant.

26. L'Architecture, contenant la toscane, dorique, ionique, corinthiaque et composée, fait par Henry Hondius, avec quelques belles ordonnances d'architecture mises en perspective par Jean Vredman. *Amsterdam, chez Jan Janson,* 1828, petit in-fol., front. et 30 planches grav. parch.

27. Emblemata Sambuci *Excudebat Christophorus Plantinus. Anno* 1564, in-8, gravures et médaillons. v. antiq.

28. Le imprese illustri con expositioni et discorso del S. Ieronimo Ruscelli al serenissimo et sempre felicissimo re catolico Filippo d'Austria. *In Venetia,* 1580, petit in-fol., parc., fig.

29. Le Tableau des riches inventions couvertes du voile des feintes amoureuses, qui sont représentées dans le songe de Poliphile, dévoilées des ombres du songe et subtilement exposées par Beroalde. *A Paris, chez Matthieu Guillemot,* 1600, in-4, parch., fig.

30. Vanitas à veritate falsi accusatur. *Anvers,* 1643, in-4 vélin.
   Figures d'emblèmes; sur les plats de cet exemplaire deux dessins a la plume signés Devéria.

31. Andreæ Alciati emblemata cum commentariis amplissimis. *Batavii,* 1661, in-4 cart.

32. Aquila inter Lilia, Francorum Cæsarum elogia, auctore Palatio. *Venetiis,* 1671, in-fol., *figures et emblèmes.*

33. Anacréon, recueil de compositions dessinées par Girodet et gravées par M. Chatillon, avec la traduction en prose des odes de ce poëte. *Paris, Chaillou-Potrelle,* 1825, in-4 cart.

34. Sujets de l'Iliade d'Homère, gravés d'après les compositions de John Flaxman, sculpteur anglais. *Paris, s. d.,* in-fol. cart. (34 planches gravées au trait).

35. Q. Horatii Flacci emblemata, imaginibus in as incisis notis illustrata studio Othonis Væni Batauolucdunensis *Antuerpiæ,* 1607, pet. in-fol. parch. (100 planches gravées).

36. L'Énéide. suite de compositions de Girodet, lithographiées d'après ses dessins, publiée par M. Pannetier. *Paris, s. d.,* gr. in-fol. dem.-rel. (78 planches au tait).

37. Figures pour l'Énéide de Virgile (vers 1600). Environ 50 planches remontées, in-fol.

38. Les Métamorphoses d'Ovide de nouveau traduites en françois et enrichies de figures chacune selon son sujet, avec xv discours contenant l'explication morale des fables. *A Paris, chez la veuve Guillemot, s. d.,* in-fol., v. antiq.

39. La Divina Comedia di Dante Alighieri cive l'Inferno, il Purgatorio ed il Paradiso composto da Giovanni Flaxman scultore Inglese. 1802, in-4 obl. dem.-rel. (110 planches gravées au trait).

40. Birket Foster's pictures of English Landscape. (Engraved by the Brothers Dalziel) With Pictures in Words by Tom Taylor. *London,* 1864, in-4, fig. cart. perc. v. est. tr. dor.

41. Deutches Balladen Buch von Adolf Ehrhardt Theobald von Oer, Hermann Plüddemann, Ludwig Richter und Carl Schurig. *Leipzig, Georg. Migand's Berlag,* 1852, in-4, fig. cart. perc. r. est. tr. dor.

42. Faust, tragédie de M. de Goethe, traduite en français par
M. Albert Stapfer, ornée d'un portrait de l'auteur et de dix-
sept dessins composés d'après les principales scènes de l'ou-
vrage et exécutés sur pierre par M. Eug. Delacroix. *A Paris*,
1828, in-fol. br.

43. Recherches sur les costumes et sur les théâtres de toutes les
nations, tant anciennes que modernes, avec des estampes en
couleur et au lavis, dessinées par M. Chéry et gravées par
P.-M. Alix. *Paris, Drouhin*, 1790, in-4, cart.

44. Raccolta di cinquanta costume li piu interessanti delle citta,
terre e paesi, in provincie diverse del regno di Napoli disegnati,
ed incisi all' acqua forte da Bartolomeo Pinelli Romano. *In
Roma*, 1817, in-8 obl.

45. Habits de diverses nations de l'Europe, Asie, Afrique et
Amérique, s. l. n. d. 76 planches remontées et réunies en
1 vol. in-fol. parch.

46. L'Angleterre, ou Costumes, mœurs et usages des Anglais,
suite de gravures coloriées, avec leurs explications, par
J.-B.-B. Eyriès. *Paris, Gide, s. d.*, pet. in-4, v. r. 23 planch.

47. Modes et Costumes historiques (étrangers, anciens et modernes), dessinés et gravés par Pauquet frères. *Paris, René
Pincebourde*, 1865, in-4. en ff. 69 planches in-4 color.

48. Figures de l'histoire de France, dessinées par Moreau le
jeune et gravées sous sa direction; avec le texte explicatif ré-
digé par M. l'abbé Garnier. *Paris, s. d.*, in-4 cart. (164 planches gravées).

49. Vues de Provins, dessinées et lithographiées, en 1822, par
plusieurs artistes; avec un texte par M. D. *Paris*, 1822,
in-4 cart.

50. Auvergne et Provence, par M. J. de Saint-Félix, X. Marmier, le baron Taylor, Ch. Malo, etc., Album pittoresque orné de vingt-six vues. — L'Espagne, royaume de Grenade, par Thomas Roscol, orné de trente et une vignettes. *Paris, L. Janet,* 1835, ens. 2 vol. in-8. dem.-rel. v. antiq.

51. Architectural antiquities of Normandy by John Sell Cotman, accompanied by historical and descriptive notices by Dawson Turner. *London,* 1822, 2 tomes en 1 vol. in-fol., dem.-rel. avec coins maroq. vert, fil. tête dor.. n. roh.

52. Provincial antiquities and picturesque scenery of Scotland with descriptive illustrations by Sir Walter Scott. *London,* 1826, in-fol. dem.-rel. mar. tête d'or non rog.

53. Recueil de 150 vues choisies en Angleterre, le pays de Galles, Écosse et Irlande dessinée par Paul Sandby Ecuyer, publiée par Jean Boydell. *Londres,* 1783, 2 tomes en 1 vol. in-4, obl. v. rac.

    Texte anglais et français.

54. LE TRIOMPHE DE MAXIMILIEN, in-fol. obl. dem.-rel.

    107 planches sur bois, gravées vers 1517 et tirées au xviiiᵉ siècle. Très-curieux pour les costumes.

55. POMPA FUNEBRIS Omn. Pot. principis Alberti pii Archiducis Austriæ, Ducis Burg, à Jac. Francquart. *Bruxellæ,* 1623, in-fol. obl. v. br. 65 planches. La dernière est signée *C. Galle.* Manquent les planches 3 et 47 *a.*

56. L'ANTIQUITÉ EXPLIQUÉE et représentée en figures par Dom Bernard de Montfaucon, religieux bénédictin de la congrégation de Saint-Maur (avec le supplément). *Paris,* 1719-1757, 10 tomes en 15 vol. in-fol. v. antiq. marbr.

    Première édition et premier tirage des épreuves et des figures.

JOURNAUX ILLUSTRÉS

57. L'Artiste, journal de la littérature et des beaux-arts (t. Ier
et t. IIe de la 2e sér.). *Paris*, 1839 2 vol. in-4 br. nombr.
gravures.

> En plus 6 années en livraisons. Figures séparées. Quelques
> numéros manquent.

58. OEuvres diverses et mêlées de Gavarni, Cham et Daumier,
extraits du *Charivari*, environ 1000 lithographies réunies en
5 vol. in-fol. dem.-rel. et planches détachées.

59. THE ART JOURNAL, 1849 à 1853, 5 vol. in-4, d.-rel. fig. et
livraisons.

> Belle publication.

60. The London art union prize annual of 1845. Two Hundred
and Fifty engravings of pictures and sculpture (487 planches
contenant 247 tableaux). in-fol. cart.

61. The Illustrated London News (de janvier 1848 à juin 1854),
2 vol. gr. in-fol., dem.-rel. v. viol.

62. Journal pour tous, magasin hebdomadaire illustré (n° 1,
1855. au 104. 1857; n° 314. 1860. au n° 573, 1863), formant
7 vol. in-4 dem.-rel. v. f. plus environ 400 livraisons, 1863-65,
1866 et 1867.

63. Le Magasin pittoresque de 1833 à 1856, 24 années en
12 vol., plus 1 vol. de table, ens. 13 vol in-4 dem.-rel. v. f.

> Bel exemplaire.

BELLES-LETTRES

64. Dictionnaire général et grammatical des dictionnaires français. Extrait et complément de tous les dictionnaires anciens et modernes par Napoléon Landais. *Paris, Didier,* 1841, 2 vol. in-4, texte à trois col., dem.-rel. mar. bl.

65. Réflexions curieuses d'un esprit désintéressé sur les matières les plus importantes au salut, tant public que particulier. *Cologne,* 1678 (exemplaire avec le second titre *Traité des cérémonies, etc.*). — Réfutation des erreurs de Benoît de Spinosa, par M. de Fénelon, archevêque de Cambray, par le P. Lami, bénédictin et par le comte de Boullainvilliers, avec la vie de Spinosa, écrite par M. Jean Colerus. *Bruxelles,* 1731, ens. 2 vol. in-12, maroq. vert. fil. tr. dor (*rel. anc.*).

66. Les Essais de Michel seigneur de Montaigne. A *Paris, chez Abel l'Angelier,* 1600, fort vol. in-8 de 1165 pages, v. rac. dent. tr. dor.

67. Traité des restitutions des grands, précédé d'une lettre touchant quelques points de la morale chrétienne (par M. le prince de Conty) *S. E.* (à la sphère), 1665, pet. in-12, v. f., fil. tr. dor.

68. Philosophie du bonheur, par Paul Janet. *Paris, Michel Lévy fr.,* 1863, in-8, dem.-rel. mar. fauve.

69. Les Espines du mariage pour retirer les jeunes gens et autres de folles et précipitées amours et éviter les périls de mariage, traité fort plaisant et récréatif, fait par le sieur Varin. Bernois, à *Paris, par Fleury Bourriquant,* 1604, in-8, mar. rouge, fil. tr. dor. (*anc. rel.*).

70. L'Art de nager démontré par figures avec des avis pour se baigner utilement, par M. Thévenot. *A Paris, chez Thomas Moette,* 1696, pet. in-12. v. antiq., 35 planches.

71. OEuvres de Virgile traduites en français, le texte vis-à-vis la traduction, avec des remarques par M. l'abbé Des Fontaines. *A Paris, de l'imprimerie de P. Plassan,* 1796, 4 vol. in-8, figures de Moreau le jeune, v. rac. dent. tr. dor.

> Bel exemplaire. Bonnes épreuves.

72. Nouvelle Traduction des Métamorphoses d'Ovide, par M. Fontanelle. *A Lille, chez J.-B. Henry,* 1772, 2 vol. in-8, v. ant. (figures coloriées).

73. Fables de La Fontaine, édition illustrée par J.-J. Grandville. *Paris, H. Fournier,* 1838, 2 vol in-8, dem.-rel. v. bleu.

74. Contes et Nouvelles en vers par M. de La Fontaine. *A Paris, chez Chevalier,* 1792, 2 vol. in-8 br., portrait et figures.

75. Dorat, les Baisers, précédés du Mois de mai. *A La Haye et se trouve à Paris,* 1770, in-8. vig. d'Eisen. v. porph. fil. tr. dor.

76. Le Jugement de Pâris. poëme en IV chants, suivi d'œuvres mêlées, nouvelle édition corrigée et augmentée par M. Imbert. *Amsterdam,* 1774. In-8, figures de Moreau le jeune, gravées par F. Duclos, Masquélier, Delaunay et vignettes de Choffard.

77. Napoléon en Égypte; Waterloo et le Fils de l'homme, par Barthélemy et Méry. Édition illustrée par Horace Vernet et H. Bellangé. *Paris, Ern. Bourdin* (s. d.), gr. in-8, figures sur chine, dem.-rel. mar. vert.

78. Victor Hugo. — Odes et Ballades, 2 vol. — Les Orientales, 1 vol. — Les Feuilles d'automne. — Les Chants du crépus-

cule, 1 vol. *Paris, Hector Bossange,* 1828, et *Eug. Renduel,*
1834-35. — Ens. 4 vol. in-8, dem.-rel., dos et coins de
mar. rouge ornés à froid.

Deux envois autographiques signés Victor Hugo (initiales).

79. Marie, poëme (par Brizeux). *Paris, Paulin et Eug. Renduel,*
1836. In-8, dem.-rel. v. ant.

80. OEuvres complètes de P.-J. de Béranger, édition illustrée
par Grandville et Raffet. *Paris, H. Fournier,* 1837. 3 vol. in-8,
dem.-rel. v. bleu.

81. Jérusalem délivrée, poëme du Tasse, nouvelle traduction.
Paris, Musier fils, 1774. 2 vol. in-8, figures de Gravelot,
v. éc. fil. tr. dor.

Bel exemplaire. Bonnes épreuves.

82. OEuvres de lord Byron, traduction de M. Amédée Pichot,
précédées d'un discours préliminaire de M. Ch. Nodier. *Paris,*
Furne, 1830. 6 vol. in-8, figures de Tony Johannot, dem.-
rel. v. f.

83. OEuvres de Molière, précédées d'une notice sur sa vie et
ses ouvrages, par M. Sainte-Beuve, vignettes par Tony Johannot. *Paris, Paulin,* 1835. 2 vol. gr. in-8, cart.

84. Théâtre et OEuvres diverses de M. Palissot de Montenoy.
A Londres et se trouve à Paris, 1763. 3 vol. in-12, portrait
mar. rouge. fil. tr. dor. (*reliure ancienne*).

85. The Dramatic Works of William Shakspeare, to which are
added his Miscellaneous poems. *London,* 1821. 6 vol. in-16,
v. bleu dent. à froid.

86. Les Amours pastorales de Daphnis et Chloé. (*S. L.*) 1745.
Pet. in-12, v. antiq. marbr. fil. tr. dor. (figures de Scottin).

87. Les OEuvres de M. François Rabelais, docteur en médecine.
(*S. L.*), (*A la Sphère*), 1663. 2 vol. in-12, mar. vert doublé
de mar. rouge, dent. int. tr. dor.

Bel exemplaire. réglé, dans son ancienne reliure.

88. Paul et Virginie, par J.-H. Bernardin de Saint-Pierre. *Paris,*
L. Curmer, 1838. Gr. in-8, vign. et fig. de Tony Johannot,
portrait du Docteur par Meissonier, v. violet. est. tr. dor.

89. Volupté (par Sainte-Beuve). *Paris, Eug. Renduel,* 1834.
2 tomes en 1 vol. in-8, dem.-rel. v. antiq.

Première édition. Bel exemplaire.

90. Alfred de Musset. — Un Spectacle dans un fauteuil. *Paris,*
1834, 3 vol. — La Confession d'un enfant du siècle. *Paris,*
Fél. Bonnaire, 1836. 2 tomes en 1 vol. — Ens. 4 vol. in-8,
dem.-rel. v. viol.

91. Notre-Dame de Paris, par Victor Hugo. *Paris, Eug. Ren-*
duel, 1836. 3 tomes en 1 vol. in-18, figures sur acier, dem.-
rel. maroq. rouge, tr. jasp.

Bel exemplaire.

92. Alfred de Vigny. — Servitude et Grandeur militaires. *Paris,*
Félix Bonnaire, 1835. — Stello, ou les Diables bleus. *Paris,*
Eug. Renduel, 1832. Ens. 2 vol. in-8, dem.-rel. v. viol.

93. Les Misérables, par Victor Hugo, illustrés de deux cents
dessins par Brion, gravures de Yon et Perrichon. *Paris,*
J. Hetzel et A. Lacroix, 1866. In-4, dem.-rel. v. f.

94. L'Ingénieux hidalgo Don Quichotte de la Manche, par Mi-
guel de Cervantes Saavedra, traduit et annoté par L. Viardot,
vignettes de Tony Johannot. *Paris, J. Dubochet,* 1836. 2 vol.
gr. in-8, cart.

95. La Vie et les Aventures surprenantes de Robinson Crusoé, traduit de l'anglais. *A Paris, chez Laurent Prault,* 1768. 6 tomes en 2 vol. in-12, figures maroq. vert poli, tr. dor. *(reliure ancienne).*

96. Voyages de Gulliver dans des contrées lointaines, par Swift. Édition illustrée par Grandville. *Paris, Fournier,* 1838, 2 vol. in-8, dem.-rel. v. f. antiq.

97. OEuvres complètes de Walter Scott, traduction de M. Defau-compret. *Paris, Furne,* 1830-1832, 32 vol. in-8, dem.-rel. v. rouge n. rog.

98. Contes fantastiques, de Hoffmann, traduction nouvelle, pré-cédés de souvenirs intimes sur la vie de l'auteur, par P. Chris-tian, illustrés par Gavarni. *Paris, Lavigne,* 1843. In-8, dem.-rel. v. vert.

99. Les Mille et une Nuits, contes arabes traduits en français par Galland, précédées d'une notice historique par Ch. Nodier. *Paris, Gaillot,* 1822-1825. 6 vol. in-8, figures, dem.-rel. v. bleu.

100. Collection Cazin. *Genève-Londres,* 1782-1791. Ens. 10 vol. in-16, v. antiq. tr. dor.

> Le Paradis perdu, de Milton, 3 vol. — Amintà di Torquato Tasso. — La Cicceide. — Les OEuvres de Rabelais, 4 vol. — OEuvres de Clément Marot, 2 vol. — Poésies de Malherbe. — Montesquieu, l'Esprit des lois, 4 vol. — OEuvres de Gresset, 2 vol. — OEuvres choisies de Mme et de Mlle Deshoulières. — OEuvres complètes de Bernard. — Le Cousin de Mahomet, 2 vol. — OEuvres complètes de Vadé, 6 vol. — Le Petit-Neveu de Vadé.

HISTOIRE

101. L'Art de vérifier les dates des faits historiques des chartres, des chroniques et autres anciens monumens, depuis la nais-

sance de Notre-Seigneur, par le moyen d'une table chronologique. Nouvelle édition, revue, corrigée et augmentée par un religieux bénédictin de la congrégation de Saint-Maur. *A Paris, chez Desprez,* 1770, in-fol. v. ant. marbr. fil.

102. L'Univers pittoresque, histoire et description de tous les peuples, de leurs religions, mœurs, coutumes, industries, etc., publiées par Firmin Didot frères. **Ens. 15 vol. in-8 br.**, texte à deux col., cartes et gravures.

> Suisse, Allemagne, 2 vol. — Suède et Norvége, Pologne, Russie, 2 vol. — Turquie, Italie, Égypte, États-Unis d'Amérique, Brésil, Colombie et Guyanes, Océanie, 3 vol.

103. Voyages pittoresques dans les quatre parties du monde ou troisième édition de l'Encyclopédie des voyages, contenant les costumes des principaux peuples de l'Europe, de l'Afrique, de l'Amérique et des sauvages de la mer du Sud; gravés et coloriés avec soin, suivis d'un Précis historique sur les mœurs de chaque peuple, par J. Grasset Saint-Sauveur. *Paris, Mme Ve Hocquart,* 1806, in-4, v. rac.

104. Voyages pittoresques autour du monde, résumé général des voyages de découvertes, publié sous la direction de M. Dumont-d'Urville, accompagné de cartes et de nombreuses gravues en taille-douce sur acier. *A Paris, chez L. Tenré,* 1834, 2 vol. in-4. cart.

105. The Tourist in Switzerland and Italy by Thomas Roscoe, illustrated from drawing by S. Prout. *London,* 1830, in-8, chagr. vert, tête dor., n. rog.

106. France pittoresque, ou Description topographique et statistique des départements et colonies de la France, par A. Hugo. *Paris,* 1835, 3 vol. in-4, figures sur bois, dem.-rel. v. antiq.

107. Histoire de France par Anquetil. *A Paris, chez Janet et Cotelle,* 1818, 13 vol. in-8, v. f. dent. à comp. tr. marbr.

108. Châteaux et Ruines historiques de France, par Alexandre de Lavergne, illustration de Théodore Frère. *Paris, Ch. Warée,* 1845, gr. in-8 cart. tr. dor.

109. Les Chroniques de sire Jean Froissart, avec notes, éclaircissements, tables et glossaires, par J.-A.-C. Buchon. *Paris, A. Desrez,* 1837, 3 vol. gr. in-8, texte à deux col., cart.

110. Les Galanteries des rois de France. *A Cologne, chez Pierre Marteau, s. d.,* 3 vol. in-12, figures, v. antiq. mar.

111. OEuvres de messire Pierre de Bourdeille, seigneur de Brantôme. *A Londres et La Haye,* 1739-1743, 15 vol. in-16, v. ec. fil. tr. dor.

112. Satyre Menipée de la vertu du catholicon d'Espagne et de la tenue des Estats de Paris. *A Ratisbonne (La sphère),* 1664. in-12, mar. vert, fil. tr. dor. (*Anc. reliure*).

Avec la figure de la Ligue.

113. Almanach historique de la Révolution, par Rabaut. *Paris,* s. d., in-12, v. f.

Figures de Moreau avant la lettre.

114. Histoire de l'empereur Napoléon, par P. M. Laurent de l'Ardèche, illustrée par Horace Vernet. *Paris, J. Dubochet,* 1839, gr. in-8, dem.-rel. mar. rouge.

115. Histoire d'Angleterre, depuis l'invasion de Jules César jusqu'à la révolution de 1688, par David Hume, et depuis cette époque jusqu'à 1760, par Smollert, traduite de l'anglais. *Paris, chez Janet et Cotelle,* 1819, 16 vol. in-8, v. f. dent. à comp. tr. marbr.

116. Histoire de l'état présent de l'Empire ottoman, contenant les maximes politiques des Turcs, traduite de l'anglais de M. Ricaut par M. Briot. *A Paris, chez Sebastien Mabre Cramoisy*, 1670, in-4, fig., v. antiq.

> Les figures sont de *Sébastien Le Clerc*.

MANUSCRITS

117. PRECES PIÆ, pet. in-8, marbr.

> Manuscrit sur vélin, du xve siècle, composé de 45 feuilles. Il est orné de 10 grandes lettres à fond d'or et d'entourages variés. École flamande.

118. LIVRE D'HEURES, in-8, v.

> Manuscrit du xve siècle sur vélin, orné de 6 grandes miniatures et encadrements. Il est incomplet.

119. OFFICIUM BEATÆ MARIÆ VIRGINIS, in-16, marbr.

> Manuscrit sur vélin, daté de 1519. Il est orné de 7 miniatures et de quelques bordures.

120. LIVRE D'HEURES, in-24, mar. br. tr. dor.

> Manuscrit sur vélin du xve siècle, orné de 10 miniatures grandes et petites et de bordures.

A la fin de la Vacation l'on vendra environ mille Volumes en lots.

PARIS. — J. CLAYE, IMPRIMEUR, 7, RUE SAINT-BENOIT. — 19